Arena-Taschenbuch
Band 50065

Weitere Arena-Taschenbücher dieser Reihe:
Die Sockensuchmaschine (Band 50060)
Mein Freund Pepe Wasserschwein (Band 50061)
Das Schlossgespenst (Band 50062)
Spaß im Zirkus Tamtini (Band 50063)
Vier Fälle für die Power-Maus (Band 50066)

Irmela Wendt
wurde 1916 in Blomberg/Nordrhein-Westfalen geboren. Nach dem Abitur studierte sie in Hamburg Pädagogik, Psychologie und Germanistik. Im Anschluss arbeitete sie als Volksschullehrerin und als Rektorin einer Grundschule. Irmela Wendt schrieb über 20 Kinder- und Jugendbücher. Weit mehr als 30 Jahre beobachtete sie außerdem Igel in ihrem großen verwilderten Garten nördlich des Teutoburger Waldes. Irmela Wendt starb 2012.

Manfred Limmroth,
geboren 1928, studierte an der Werkakademie in Kassel. Danach arbeitete er als Bühnenbildner an verschiedenen Theatern und zeichnete Karikaturen für Zeitungen und Zeitschriften. Außerdem schrieb und illustrierte Manfred Limmroth eine Vielzahl von Büchern für Kinder und Erwachsene. 2004 starb er in Hamburg.

Irmela Wendt

Wo kleine Igel sind

Mit Bildern von
Manfred Limmroth

Arena

Informationen zu Unterrichtsmaterialien
unter www.arena-klassenlektuere.de

FSC
www.fsc.org
MIX
Papier aus verantwortungsvollen Quellen
FSC® C110508

3. Auflage als Arena-Taschenbuch 2015

Herausgeber: Peter Conrady
und Herbert Ossowski
Innenillustration: Manfred Limmroth
Umschlagillustration: Hans-Günther Döring
Reihenkonzeption: Frauke Schneider
Umschlagtypografie: knaus. büro für
konzeptionelle und visuelle identitäten, Würzburg
Gesamtherstellung: Westermann Druck Zwickau GmbH
ISSN 0518-4002
ISBN 978-3-401-50065-2

www.arena-verlag.de

In einem Garten
unter einer alten Baumwurzel
schlafen fünf junge Igel.
Sie schlafen
in einer heimlichen Höhle,
die noch kein Mensch
gesehen hat.

Klaus kommt in den Garten.
Er trägt eine Säge
und eine Spitzhacke.

Die Säge stellt er an den Baum,
der ist trocken
und abgestorben,
der hat kein grünes Blatt
im Sommer.

Mit der Spitzhacke
reißt Klaus die Erde auf.
Er legt die Baumwurzeln bloß
und
darin
die Höhle . . .
Und die Igel schlafen.

„Habt ihr Glück!“,
sagt Klaus.
„Ihr habt nichts abgekriegt.
Ihr seid heil.
Nur euer Nest ist kaputt.
Und hier
könnt ihr
nicht bleiben.
Hier muss ich sägen und hacken.“
In seinen großen derben Händen
trägt er die Igel
zum Johannisbusch
auf einen weichen Flecken Gras.

Der ist warm von der Sonne
und die kleinen Igel
kugeln sich da
und schlafen weiter.

Anja kommt aus der Schule.
Sie läuft gleich in den Garten
zu Klaus.
Er zeigt ihr die Igel.
„Fünf junge Igel
und ein kaputtes Nest?
Was machen wir da?“,
fragt Anja.
„Nichts!“,
sagt Klaus.
„Wo kleine Igel sind,
da sind auch große.“

Anja geht ins Haus.
Sie isst rote Grütze
mit Soße.
Sie ist satt.
Die Igel sind hungrig,
denkt Anja.
Sie gibt etwas Katzenfutter
auf einen Teller.
Sie trägt den Teller
in den Garten
unter den Johannisbusch
zu den Igeln.

Sie liegen da
eng ineinander gekrochen
wie ein einziger Igel.

Sie sehen das Futter nicht.
Mund und Augen halten sie
unter den Stacheln versteckt.
Ihre Stacheln zittern.
„Sie haben Angst!“,
denkt Anja.
„Die Säge von Klaus
macht einen Krach
zum Bangewerden!“
Rärärärärärärärärärärärä

Abends kommen
Mama und Papa
nach Haus.
Anja will
von den Igeln erzählen.
Aber Mama ist ‚hetzig'.
‚Nervös', sagt Papa nie,
weil er nervös nicht mag.
Und wenn Mama hetzig ist,
sagt Anja nichts.
Dann lässt sie Mama reden.
Mama sagt zu Papa:
„Ich ertrage es nicht,
dass wir das Kind
die ganze Woche allein lassen."

Papa sieht Anja an.
Anja lächelt.

Papa sagt:
„Morgens und abends und nachts
sind wir aber zu Haus."
Mama sagt:
„Dieser Schlüssel
an der Halskette
macht mich rasend!"
Papa sagt:
„Nur noch zwei Tage,
vielleicht nur noch einen Tag,
nur noch morgen,
dann bist du
wieder mittags zu Haus,
wenn das Kind
aus der Schule kommt."

„Jaja“,
sagt Mama,
„was kann an einem Tag
alles passieren.“

„Jaja“,
sagt Anja,
„was kann an einem Tag
alles passieren.“
Und sie denkt
an die fünf jungen Igel.

„Wir könnten Klara bitten,
dass sie bei dem Kind bleibt“,
sagt Papa.
„Tante Klara schnüffelt
immer alle Sachen durch“,
sagt Anja.

„Till will mich
morgen besuchen."
Till geht in Anjas Klasse.
Till ist Anjas Freund.

Am nächsten Tag,
als Anja aus der Schule kommt,
läuft sie gleich in den Garten
zum Teller.
Der Teller ist leer.
Die kleinen Igel liegen
neben dem Teller
eng ineinander gekrochen.

„Habt ihr das Futter gegessen,
ihr kleinen Igel?",
fragt Anja.
„Ihr seht mir nicht so aus,

als ob ihr schon allein
am Teller stehen könntet.
War es vielleicht
die Katze von Klaus?
Wo bleibt eure Mutter?
Warum
lässt sie euch hier allein?“
Anja geht ins Haus
und kommt zurück
mit der Katzenfutterdose.
Sie füllt etwas Katzenfutter
auf den Teller.

Anja sieht,
wie die Stacheln
auf den Igelrücken
sich heben
und senken.

„Atmen könnt ihr
schon sehr gut!“,
sagt Anja.
Sie fängt an
die Igel zu zählen.
Eins,
zwei,
drei,
vier . . .
gestern waren es fünf,
überlegt Anja.

Der Kleinste
liegt auf der Seite.
Anja sieht
die Hälfte seines Gesichts,
ein fest geschlossenes Auge.
Er sieht aus wie verhungert,
wie halb tot,
denkt Anja.
Vielleicht hat er
nichts getrunken
und nichts gegessen
seit gestern . . .

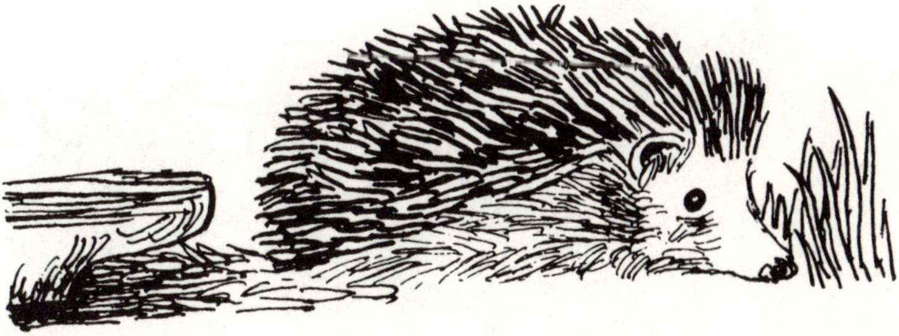

Jetzt kommt Till.
Er sieht die Igel
und das Futter auf dem Teller.
„Warum essen sie nicht?“,
fragt Till.
„Sie können noch nicht allein
am Teller stehen,
sie sind zu schwach“,
meint Anja.
„Wir heben sie
auf den Tellerrand“,
sagt Till.

Stacheln piksen,
überlegt Anja,
so fasst man Stacheln an.
Sie holt zwei Lappen,
einen für sich,
einen für Till.
Sie legt ihren Lappen
dem Kleinsten auf
und hebt ihn auf den Tellerrand.
Sie stupst seine kleine Schnauze
in das Futter.
Er prustet.
Er schüttelt sich,
er isst nicht.

Till hebt nacheinander
die anderen drei auf den Teller.
Aber sie essen auch nicht.
Sie rutschen vom Rand
mitten auf den Teller
und sitzen einfach da
im Katzenfutter,
alle vier.
Anja sagt:
„Hunger haben sie nicht.
Vielleicht haben sie Durst?“

Sie holt einen zweiten Teller
aus der Küche
und in einer kleinen Kanne
warmes Wasser.
Babys dürfen nichts Kaltes trinken.
Till hebt die Igel
von einem Teller
auf den andern.
Anja gießt Wasser ein.
Da werden die Igel munter.
Sie trippeln im Wasser.
Sie nippen einen Tropfen.
Noch einen Tropfen.

Und dann
torkeln sie
über den Tellerrand
und kriechen wieder ins Gras
und liegen einfach so da,
eng ineinander
wie ein einziger Igel.

„Komische Igel!“,
sagt Till.
„Trinken wollen sie auch nicht.“
„Wir heben sie noch mal
auf den Tellerrand!“,
sagt Anja.
„Schnell,
solange das Wasser noch warm ist!“
Und Anja hebt den Kleinsten
und Till die drei andern.
Sie rutschen gleich vom Tellerrand
ins Wasser.
Und der Kleinste kippt um
im Wasser
und keiner trinkt.

In diesem Augenblick
kommt aus dem Holunderbusch
eine Stimme
wie von einer heiseren Trommel.

„Wer ist das?“,
fragt Till.
„Ein großer Igel!“,
sagt Anja.
„Große Igel trommeln im Bauch,
wenn sie zornig sind,
hat Mama gesagt.“

Till fragt:
„Warum ist der große Igel zornig?
Weil wir die Jungen füttern?
Trinken kleine Igel
vielleicht nur Igelmilch?“
Anja sagt:
„Wenn ich nur wüsste,
warum die Igelmutter
die kleinen Igel allein lässt.
Ja, wenn ich das wüsste!“

Till legt sich
flach auf den Bauch.
Er späht
unter den Johannisbusch
und weiter
unter den Holunderbusch.
Es ist dunkel
unter den Büschen.
Es liegt viel Laub da.
Jetzt trommelt die Stimme
noch lauter und noch zorniger.

Anja sagt:
„Dieser Igel
mag Menschen nicht,
die Igelnester kaputtmachen
und die auf dem Bauch liegen
und großen Igeln auflauern . . .“

Und dann gehen sie ins Haus,
Anja und Till.
Sie essen Kuchen
und trinken Capri-Sonne.
Sie spielen Pingpong.
Sie telefonieren miteinander
durch das Haustelefon.

Dann klingelt
das Außer-Haus-Telefon.
„Hallo?"
„Liebling! Wie geht es dir?
Bist du sehr allein?"
„Till ist da."
„Da bin ich aber froh.
Dann bist du nicht allein.
Papa und ich kommen
heute Abend etwas später,
wenn es dir recht ist,
nur, wenn es dir recht ist,
hörst du?"
„Ja, aber . . ."
„Ab morgen
bin ich dann jeden Mittag
wieder zu Haus.
Es kann heute Abend

acht Uhr werden,
soll ich
Tante Klara telefonieren,
dass sie zu dir kommt,
wenn Till gegangen ist,
wenn es dunkel wird . . .?“
„Wenn es dunkel wird,
mache ich Licht an!“
„Hast du wirklich
keine Angst allein?“
„Nnnnein! Tschüss, Mami!
Grüß Papa . . .“

„Jetzt spielen wir
Mama und Papa“,
sagt Anja.
„Du bist der Papa
und ich bin die Mama.
Ich spiele, wie sie ist,
wenn sie hetzig ist.“
„Und wer ist das Kind?“
„Wir spielen,
dass es im Sessel sitzt
und liest.
Wir stellen ein Buch
in den Sessel.
Dahinter sitzt das Kind.
Also, jetzt fangen wir an!“

„Sag mal, Bärbel,
warum bist du so hetzig?“

„Da fragst du noch?
Weil ich arbeite wie du
und weil ich immer denke,
das Kind ist allein.
Hast du kein Herz für Kinder,
Peter?“
„Ich habe sogar eine Antenne
für Kinder!
Mein Kind ist nämlich
nicht allein.
Till ist da.
Die beiden spielen.“

Anja sagt:
„Wir legen noch ein Buch hin.
Till liest auch."
Sie geht zum Bücherregal.
„Was spielen sie denn?"
„Sie lesen sich was vor
über große Igel . . ."
„Aus dem Tierlexikon . . .?"
Anja sagt:
„Warte mal, Till,
ich hole das Tierlexikon."
„Jaja."
Till sagt das Abc bis zum I.
Und Anja blättert.
Sie findet das große Igelbild
und Till soll vorlesen.

Till sagt:
„Die Schrift ist mini.
Minischrift lese ich nicht.
Minischrift dauert mir zu lange.
Wenn ich überhaupt lese,
lese ich höchstens
zwei Wörter,
die zwei Wörter hier
unter dem Bild:

nächtliche Tiere . . .
Was bedeutet das?"
„**Nachttiere?** Tagtiere?
Vielleicht sind sie
nachts anders als am Tag?"
„Wir sind nachts auch anders.
Wir schlafen nachts."
„Schlafen Igel nachts nicht?"

Das Telefon klingelt.
Anja nimmt den Hörer ab.
„Hier ist Anja.
Ja, Till ist hier.
Till, komm, deine Mutter . . ."
„Ja, Mama, ja . . . ja . . .
wir spielen so schön . . .
Papa will mit mir wegfahren?
Ja, dann komme ich."
Till legt den Hörer auf.
Er sagt:
„Schade, ich muss nach Haus.
Hast du keine Angst allein?"

Anja tanzt um Till herum
und singt:
„Hast du keine Angst allein?
Hast du keine Angst allein?
Hast du keine Angst allein?

Frag doch mal was anderes?

Nein! Lass es sein!

Ich bin nicht allein.

Ich spiele mit mir,
dann bin ich zu zwein.

Und gleich gehe ich
zu den nächtlichen Tieren.
Dann sind wir viele.

Tschüss! Till!
Lauf! Sonst kommt dein Papa
und holt dich!“
„Tschüss, Anja!“
Dann steht Till am Gartentor.

Er überlegt und fragt:
„Darf ich mal telefonieren?“
„Ja, telefonier du nur.
Weißt du die Nummer?“
„Ja, ich weiß die Nummer.
22 33 59 . . .“
Till wählt.
„Hallo! Mama!
Ich habe ganz vergessen . . .
ich wollte nur sagen . . .
Anja ist hier ganz allein . . .
ich muss unbedingt hier bleiben
bis . . .
Was?
Ja! Ich rufe an!
Bis nachher, Mama!“
„Und jetzt gehen wir
zu den nächtlichen Tieren.“

Es ist noch nicht dunkel.
Aber hell
ist es auch nicht mehr.
Dämmerig ist es.
„Irgendwo singen hier Vögel“,
meint Till.
Sie schleichen
zum Johannisbusch.
Da stehen die Teller.
Das Wasser schimmert hell.
Der Futterteller ist leer.
Und im Gras?
Ja, im Gras
laufen vier kleine Igel
flink wie auf Rädern.
Anja flüstert:

„Geschlafen haben sie!
Heute Mittag
haben sie geschlafen!
Wir haben sie
aus dem Schlaf gerissen.
Sie sollten essen und trinken
und im Schlaf sind sie
ins Wasser gerutscht.
Alles im Schlaf.
Und jetzt sind sie wach,
frisch aufgestanden,
diese nächtlichen Tiere.“
„Irgendwo singen hier Vögel“,
flüstert Till.
„Vögel singen anders“,
flüstert Anja,
„die kleinen Igel singen.
Die Mutter wird sie hören.“

Unterm Haselbusch
raschelt es laut.
Schwer und massig
wie ein Schlepper
schiebt sich
die Igelin durchs Gras
auf die singenden
Kleinen zu.

Anja und Till sehen genau hin.
Till flüstert:
„Sie gibt
aus ihrer großen Schnauze
jedem etwas in seine kleine.
Was gibt sie?“
„Ein Küsschen!
Jedem ein Küsschen!“,
flüstert Anja.

Dann geht die Igelin zum Teller
und trinkt,
und die Kleinen
trippeln rundum
und nippen auch.

Unter dem Holunderbusch,
wo am Mittag das Trommeln war,
kommt jetzt
ein zweiter Igel hervor,
ebenso groß,
aber nicht so breit
wie die Igelin.
Er läuft auf Anja und Till zu.
Vor ihren Füßen hält er an.
„Ist das der Vater?“, fragt Till.
Anja flüstert:
„Es kann auch die Oma sein.“

Anja steht wie ein Pfahl.
Und Till steht auch
wie ein Pfahl.
Die Igelin trinkt nicht mehr.
Sie lockt die Kleinen
weg vom Teller
ins Gras.

Jetzt fasst sie eins
mit der Schnauze,
schleppt es ein paar Schritte,
setzt es wieder auf den Boden,
fasst noch mal zu
und trägt es
tief in den dunklen Garten.
Und was tut der andere große Igel?
Er kreuzt hin und her
zwischen Anja und Till
und den drei Igelkindern.
Die singen und singen.
Anja und Till horchen
und warten.

Es dunkelt mehr und mehr.
Wieder raschelt es
im Nussbusch.
Wie ein Schatten
schiebt sich
die Igelin ins Gras.
Sie fasst
das nächste der Kleinen
und trägt es den gleichen Weg
wie das erste.

„Ins neue Nest!“,
sagt Anja.
„Sie hat ein neues Nest gebaut.
Sieh mal die Oma!
Sie hält Wache vor uns.
Ist das nötig?“
Anja legt ihren Arm um Till.

„Komm,
wir gehen jetzt ins Haus!“
Und dann stehen sie im Haus
am offenen Fenster
und sie horchen –
und sie hören
die kleinen Igel singen,
tief unten im Garten.

Anja sagt:
„Gestern hat die Igelmutter
schon das Erste geholt.
Wenn alle fünf im Nest sind,
lässt die Igelmutter sie trinken.“
Till sagt: „Ich wäre gern
der Igelmutter nachgeschlichen.
Dann wüssten wir,
wo das neue Nest ist.“
„Ich auch!“ sagt Anja.
„Aber so haben sie uns lieber!
Ja, so haben sie uns lieber . . .“
Und dann kommen Anjas Eltern
nach Haus.

Am andern Nachmittag
liest Anjas Mutter
aus dem Tierlexikon vor:

Der Igel wird
26 bis 30 Zentimeter lang.
Sein Rücken ist
mit 2 Zentimeter langen
spitzen Stacheln bedeckt.
Ein kräftiger Muskelring
zieht das Stachelkleid
sekundenschnell
zu einer Kugel zusammen.
In seiner Stachelkugel
ist der ganze Igel geschützt.

Brust und Bauch
haben wolliges Haar.
In einem
ausgepolsterten Laubnest
werden die Kleinen geboren,
vier bis sieben Junge.
Jedes wiegt nur 20 Gramm.
Rosa und kahl sind sie
und blind und taub.
Ihre Stacheln wachsen
in den ersten 24 Stunden
auf 8 Millimeter an.
Augen und Ohren öffnen sich
zwei Wochen später.
Die Igelin hat 10 Säugwarzen.
Sie säugt ihre Jungen
6 Wochen lang.
Igel sind nächtliche Tiere.

In warmen Sommernächten,
wenn die Kleinen
3 bis 4 Wochen alt sind,
verlassen sie
zum ersten Mal ihr Nest.
Mit der Mutter suchen sie
Käfer, Würmer und Schnecken
und lassen
ihre piepende Stimme hören.

Große Igel sind Einzelgänger.
Jeder geht nachts allein
auf Futtersuche.
Seine Nase schnüffelt
dicht über der Erde
nach Essbarem.
Andere Igel erkennt er
am Geruch.

Feinde wittert er
von weitem,
auch Menschen.
Er geht ihnen aus dem Weg
oder er rollt sich
zur Stachelkugel.
3000 Stacheln hat ein junger Igel.
Ein ausgewachsener Igel
hat 6000 und mehr.
Im Zorn trommelt er im Bauch,
ähnlich dem Dachs.
Wie der Dachs
hält auch der Igel
Winterschlaf.
In einer dichten warmen Höhle
zehrt er von seinem Fett
vom November
bis in den April.

Wenn du einen Igel siehst,
versuch nicht
ihn zu fangen.
Setz ihn nie in eine Kiste.
Ein Igel will frei umherlaufen,
er braucht Bewegung,
sonst wird er krank.
Du darfst ihm
auf einem flachen Teller
Katzenfutter aus der Dose
anbieten.
Stell auch frisches Wasser hin.
Milch vertragen Igel nicht.

Wenn du einen Garten hast,
mach ihn igelfreundlich.
Lass Laub unter den Büschen liegen,
irgendwo auch trockenes Reisig.

Spritz niemals Gift!
Streu kein Schneckenkorn,
auch keinen Kunstdünger.
Dann hilfst du den Igeln
gesund zu bleiben.
Dann speichern sie
kein Gift und keine Chemie
in ihrem Körper.

Wenn du ein Nest
mit Igeljungen findest,
denk nicht,
die Igelmutter
hat sie verlassen.
Vielleicht hockt sie
in einem zweiten Nest
ganz in der Nähe
oder sie ist auf Futtersuche.

Rühr die Jungen nicht an!
Es könnte sein,
dass die Igelmutter sie danach
nicht wieder annimmt.
Igelbabys künstlich zu ernähren
ist sehr schwierig,
auch für den Tierarzt,
auch für die Igelstation.

Anja sagt:
„Da haben wir aber Glück gehabt,
dass die Igelmutter
die Kleinen geholt hat.
Unsere großen Igel
haben aber auch Glück,
weil sie in unserem Garten leben.
Unser Garten ist schon lange
ganz, ganz igelfreundlich.

Der Mann,
der das Buch geschrieben hat,
weiß ziemlich viel,
das muss ich sagen.
Aber dass die Igel
in unserem Garten
singen
und nicht piepen,
davon hat er keine Ahnung."

„Vielleicht
hat er andere Ohren",
sagt Mama.
Anja sagt:
„Er hat andere Igel gehört.
Die Igel in unserm Garten
haben sich nämlich gefreut."